Reinhold Ruthe

Ich mag mich

Reinhold Ruthe

Ich mag mich

Wege zum Selbstvertrauen

Brendow
impuls

Brendow impuls

Die Deutsche Bibliothek - CIP-Titelaufnahme

Ein Titeldatensatz für diese Publikation ist bei

Der Deutschen Bibliothek erhältlich.

ISBN 3-87067-812-7

Edition C, T 347

Einband- und Innengestaltung: init,

Büro für Gestaltung, Bielefeld

Satz: AbSatz, Klein Nordende

Druck und Bindung:

Brendow Druck, Moers

Printed in Germany

Inhalt

1 Ein verzerrtes Bild von mir selbst?

Zu einem richtigen Jahrmarkt gehört ein »Spiegelkabinett«. Die verschiedenen Spiegel verzerren die Bilder, die sie widergeben. Wenn wir hindurchgehen und wandern von Spiegel zu Spiegel, werden Gesicht, Körper und Gliedmaßen in die Länge gezogen, zu einem Klumpen zusammengepresst oder fratzenhaft entstellt. Im normalen Spiegel sehen Gesichter, Körper, Arme und Beine wirklichkeitsgetreu aus. Manchmal kommt es uns so vor, als stünden wir im Spiegelkabinett. Wir haben nur noch ein verzerrtes Bild von uns und fragen:

- Was versteckt sich hinter der Fassade?
- Was verbergen wir hinter unserem Image?
- Welche Fragen, Selbstzweifel und Selbstunsicherheiten lauern hinter unserem freundlichen Lächeln?
- Wer bin ich?

Dabei kommt es gar nicht so stark auf unsere psychische Verfassung in dem Moment an, denn jeder kann so fragen: Gesunde, Unsichere und psychisch Kranke.

- Sie fühlen ihren Selbstwert in Frage gestellt,
- ihre Identität ist unklar,
- sie spiegeln ein verringertes Zusammengehörigkeitsgefühl wider,
- ihr Selbstbewusstsein schwankt,
- sie erleben sich einsam, verlassen und nicht verstanden,
- sie sind mit sich und dem Leben unzufrieden,
- sie vermissen den Sinn und den Plan für ihre Zukunft,
- sie leiden an sich, an den Mitmenschen und im Glauben an Gott.

Viele haben mit sich und ihrer Identität Schwierigkeiten. Andere sind geradezu in eine Identitätskrise geraten.

- Sie wollen sich selbst finden,
- sie möchten mit sich in Kontakt kommen,

- sie ringen um ihren Lebensplan,
- sie bemühen sich um ihre wirkliche Rolle,
- sie wollen ihr Selbstverständnis entwickeln.

Wer bin ich? Als Abteilungsleiter werde ich vom Chef vor versammelter Mannschaft heruntergeputzt. Zorn und Scham steigen in mir hoch. Kann man das mit mir machen?

Wer bin ich? Als Single von 39 Jahren sitze ich im Lokal und verzehre einsam meine Mahlzeit. Sind meine Lebensentscheidungen richtig?

Wer bin ich? Als Redner stehe ich auf der Kanzel. In der Kirche sitzen über 1000 Menschen. Wer bin ich, dass Gott das zugelassen hat?

Wer bin ich? Als Pubertierender zwischen Kind und Erwachsensein stehe ich in der Clique. Ich überspiele meine Unsicherheit. Wie die anderen spucke ich große Töne.

Wer bin ich? Als Frau bin ich in die Wechseljahre gekommen. Der Lack ist ab. 27 Jahre verheiratet, drei Kinder großgezogen. War das alles? Was soll werden?

Wer bin ich? Das ist meine Frage. Ich kenne mich überhaupt nicht. Ich kenne meine Ziele und meine Pläne nicht. Andere wissen das genau. Werde ich vom Leben, von Menschen und dem »Schicksal« ferngesteuert?

Wer bin ich? Auch als Christ habe ich viele Fragen. Was hast du mit mir vor, Herr? Hast du mein Leben in der Hand? Ich bin voller Zweifel und Fragezeichen. Verlust des Partners, Verlust der Arbeit, sind das deine Pläne mit mir?

2 Die Frage nach dem Sinn

WER leben will, muss wissen, wofür. Wer sinnvoll leben will, muss einen Sinn im Leben entdecken. Wer keinen Sinn im Leben sieht, hat Albert Einstein gesagt, ist nicht nur unglücklich, sondern auch kaum lebensfähig. Darum haben wir ja so viele Hoffnungslose. Resignation, Langeweile, nihilistische Attitüden, Lebensangst, Drogenkonsum und null Bock auf nichts sind Symptome der Sinnlosigkeit. Vermutlich verstecken sich hier die gefährlichsten Neurosen unserer Zeit. Und die heilen wir nicht mit optimistischen Aufmunterungen. Wir bekämpfen sie keineswegs mit einer Reiß-dich-am-Riemen-Haltung. Markige Appelle an den Willen sind da völlig nutzlos.

WO EIN WILLE IST,
IST NOCH LANGE KEIN WEG.

Wer einen Sinn in seinem Leben gefunden hat, dem

fällt es auch leichter, sich selbst anzunehmen und sich mit seinen eigenen Stärken und Schwächen zu akzeptieren, weil er nicht mehr nur darauf schaut, was er kann, sondern wie er sein Ziel erreicht.

Der Begründer der Logotherapie, Viktor Frankl, hält den *Willen zum Sinn* für das Hauptmotiv menschlichen Strebens. Er schreibt: »Wie können wir uns das erklären. Nun, wovon ein Mensch zutiefst und zuletzt durchdrungen ist, ist weder der Wille zur Macht, noch der Wille zur Lust, sondern ein Wille zum Sinn. Und auf Grund seines Willens zum Sinn ist der Mensch darauf aus, Sinn zu finden und zu erfüllen... Was aber die Selbstverwirklichung anlangt, wage ich zu behaupten, dass sich der Mensch nur in dem Maße zu verwirklichen imstande ist, in dem er Sinn erfüllt.« Frankl hat es als Erster unmissverständlich gesagt: Wer Lust anstrebt, dem vergeht sie; wer Glück anstrebt, der bekommt es nicht; wer Selbstverwirklichung anstrebt, dem misslingt sie.
Diese Dinge kann man nicht direkt ansteuern bzw.

erreicht man nicht dadurch, dass man sie willentlich anstrebt. Für Frankl besteht der Sinn des Lebens darin:

- die Aufgaben zu erfüllen, die mir gestellt sind;
- die Forderungen in Angriff zu nehmen, die mir vor die Füße gelegt werden;
- die Probleme zu meistern, die auf mich zukommen;
- nicht das Großartige zu tun und darauf zu warten, sondern das Alltägliche zu bejahen und anzupacken.

Also:

- in der Erfüllung alltäglicher Aufgaben,
- in der Hingabe für andere,
- im Bearbeiten des Notwendigen,
- im Hingehen und Tun erfahren wir den Sinn des Lebens.

Wir alle kennen das Sprichwort: »Wo ein Wille ist, da ist auch ein Weg!« Das erscheint richtig. Und umgekehrt: »Wo kein Wille ist, da ist auch kein

Weg.« Viktor Frankl hat das Sprichwort anders formuliert. Seine These lautet: »Wo ein Ziel ist, da ist auch ein Wille.«

Das heißt, wo ein Sinn im Leben ist, da ist Kraft, einen sinnvollen Weg zu gehen. Wo ein Sinn im Leben ist, da ist eine gesunde Persönlichkeit. Wo ein Sinn im Leben ist, da ist Identität. Viele kommen in die Sprechstunden, wenn sie ihre Ehe schrottreif gefahren haben, wenn sie in depressiver Resignation verharren, wenn sie in einer Sackgasse stecken, wenn sie am Leben verzweifeln, wenn sie mit den Nerven fertig sind, wenn sie ganz erstaunt fragen: »Was ist eigentlich mit mir los? Wer bin ich überhaupt?«

Die Identität fällt keinem in den Schoss.

Keinem Menschen fällt die Identität in den Schoß wie eine reife Frucht. Identitätsfindung, das sagt ja schon der Begriff, ist ein Prozess. Identitätsfindung vollzieht sich in verschiedenen Entwicklungsabschnitten. Wir sind aktiv an der Gestaltung der Persönlichkeit beteiligt. Darin unterscheiden sich Mensch und Tier wesentlich. Für mich steht fest, aus einer ausgeschlüpften Brieftaube wird automatisch eine Brieftaube. Ob aber aus einem Säugling sich immer eine Persönlichkeit entwickelt, die ihrer menschlichen Bestimmung gerecht wird, bleibt fraglich.

In der Tat, der Mensch kann seiner Bestimmung untreu werden. Der Mensch kann an seiner Identität Schiffbruch erleiden. Jeder Mensch ist das Produkt einer bestimmten Rasse, einer bestimmten Klasse, einer bestimmten Familie. Die soziale Stellung der Eltern hat mein Leben geprägt. Selbstverständlich, ich bringe einige bestimmte Anlagen und Eigenarten mit. Ich bringe einen bestimmten Wortschatz mit. Ich bringe bestimmte Begabungen mit. Ich bringe bestimmte Fähigkeiten mit, die ich erworben habe. Ich spiele verschiedene Rollen als Schüler, als Lehrling, als Soldat, als

Student, als Arbeiter, als Kind in der Familie und in der Jugendgruppe. Ich bin in einem bestimmten Land geboren, in einer bestimmten Zeit. Ich werde durch die Epoche, durch die Staatsform und durch die Kirche geprägt. Tausend Einflüsse, tausend Faktoren, tausend Erlebnisse, tausend Erfahrungen geben meinem Leben Impulse.

Ich bin nicht passiv und werde nicht einfach von diesen Einflüssen geprägt. Ich erleide nicht schicksalhaft diese vielfältigen Einwirkungen. Im Gegenteil, ich bin aktiv an der Gestaltung meiner Persönlichkeit beteiligt. Ich verarbeite kreativ alle Erlebnisse. Ich mache Erfahrungen und baue sie in meinen Lebensstil ein. Aus alledem ziehe ich Schlüsse und Konsequenzen. Ich mache mir ein Bild von den Menschen, von der Welt und von Gott; aber dieses Bild und Weltbild kann völlig schief und verzerrt sein. Meine Schlüsse können völlig falsch sein. Wie sagte Alfred Adler: »Der Mensch ist ein guter Beobachter, aber ein schlechter Interpret.«

3 Wie wir uns selbst erkennen können

Wer sich selbst nicht leiden kann, macht auch keinen andern an. Warum ist das so? Mangelndes Selbstbewusstsein spiegelt Minderwertigkeitsprobleme wider. Der Mensch ist mit sich und der Umwelt uneins, und Selbstwertstörungen torpedieren eine gleichwertige Partnerschaft, Selbstwertstörungen torpedieren die zwischenmenschlichen Beziehungen, Selbstwertstörungen blockieren eine harmonische Ich-du-Beziehung.

Auch Eltern und Geschwister haben bestimmte Glaubens- und Wertvorstellungen praktiziert. Das können ganz bürgerliche Werte oder biblische Glaubensüberzeugungen gewesen sein.

Welche Überzeugungen wir übernehmen, welche Botschaften wir uns einverleiben, welche Einstellungen wir für uns anerkennen, sie fördern oder sie stören meine Identität und meinen Lebensstil.

Dieser Lebensstil beinhaltet fünf Aspekte:

Wie sehe ich mich selbst?

Wie erlebe ich mich selbst? Wie schätze ich mich ein? Welchen Selbstwert billige ich mir zu?

Wie sehe ich die anderen?

Das ist der zweite Aspekt des Lebensstils. Wie sehe ich die anderen? Wie sehen die anderen mich? Wie reibungslos realisiere ich meine Beziehungs- und Partnerschaftsfähigkeit?

Wie sehe und erlebe ich die Welt?

Das ist der dritte Aspekt. Was denke ich über Gott und den Glauben? Erlebe ich die Welt als Jammertal oder als lebens- und liebenswerten Ort?

Welche unbewussten Ziele verfolge ich im Leben?

Das ist der vierte Aspekt. Wie lauten meine unverstandenen Langzeitziele? Welche unbewussten Grundlebensüberzeugungen kennzeichnen meine Persönlichkeit?

Mit welchen Methoden versuche ich, die Ziele zu erreichen?

Dies ist der letzte Aspekt des Lebensstils: Mit welchen Verhaltensmustern, mit welchen Durchsetzungstechniken erreiche ich sie? Mit welchen kooperativen oder auch destruktiven Arrangements versuche ich, die Ziele zu erreichen?

Auf dem Hintergrund dieser fünf Aspekte spiegelt unser Lebensstil auch unsere mangelnde Identität wider; nämlich meine Unsicherheit, meinen krankhaften Ehrgeiz, meine Minderwertigkeitsgefühle oder Komplexe, meine innere Zerrissenheit, meine Haltlosigkeit, meine Abhängigkeit, meine Liebes- und Beziehungsunfähigkeit, meine abnorme Ängstlichkeit, meinen selbstzerstörerischen Perfektionismus, meine Unzufriedenheit.

Aber auch die positiven Aspekte der Identität kommen zur Sprache, nämlich unsere Übereinstimmung mit uns selbst, unsere Übereinstimmung mit dem Leben, mit der Welt, mit Gott. Die positiven Aspekte der Identität bringen auch unsere existenzielle Befriedigung zur Sprache, unser Zum-Frieden-gekommen-Sein mit Gott.

4 »Ich mag mich« – So gewinnen Sie Selbstvertrauen

DER Begründer der Gestalttherapie, Frederick Perls, hat mit knappen Sätzen formuliert, was die kranke Persönlichkeit von der gesunden unterscheidet: »Der Verrückte sagt: ›Ich bin Abraham Lincoln‹, der Neurotiker sagt: ›Ich wollte, ich wäre Abraham Lincoln‹, der Gesunde sagt: ›Ich bin ich, und du bist du.‹«[1]

Je größer die Minderwertigkeitsgefühle eines Menschen, desto mehr versucht er, sich zu profilieren.

- Er *vergleicht* sich mit anderen, die größer, schneller, gescheiter und schöner sind;
- er *identifiziert* sich mit ihnen, strebt ihnen nach und ist unglücklich, wenn es ihm nicht gelingt, so wie sie zu sein;
- er *bildet sich ein*, der Präsident der Vereinigten Staaten, ein starker Mann, ein Übermächtiger, Jesus selbst oder Gott zu sein.

Je verrückter die Ansichten, desto kranker die Persönlichkeit. Immer lauern im Hintergrund Selbstwertstörungen und Minderwertigkeitsgefühle.

- Der Mensch mag sich nicht,
- der Mensch akzeptiert sich nicht,
- der Mensch zweifelt am eigenen Wert,
- der Mensch fühlt sich minderwertig und als Versager,
- der Mensch glaubt sich als Christ nicht von Gott geliebt.

Fast jede Entwicklung eines Menschen wird durch Minderwertigkeitsgefühle beeinträchtigt. Minderwertigkeiten sind Schwächen, Unvollkommenheiten, unliebsame Tatsachen des Lebens, körperliche und soziale Mängel, organische Leiden, Krankheiten und Sterblichkeit.
»Mensch sein heißt Minderwertigkeitsgefühle haben«, sagt Alfred Adler. Aber wenn die Minderwertigkeitsgefühle den Menschen tyrannisieren, wenn sie seine zwischenmenschlichen

Beziehungen, seine Leistung und seinen christlichen Glauben beeinträchtigen?

In der Schweiz sprach mich an einem Sonntag nach dem Gottesdienst eine Frau an. Ich hatte eine Themenpredigt gehalten: Spielregeln für die Familie. Ein Punkt hätte sie besonders berührt: Sie sei zu nachgiebig. Sie sei inkonsequent, sie wisse nicht, woran das läge. Weil mir nur einige Minuten zur Verfügung standen, fragte ich sie direkt: »Mögen Sie sich leiden? Können Sie sich selbst bejahen?«

Sie kämpfte mit den Tränen, und dann sagte sie: »Ich glaube fest an Jesus, dass er mich liebt, aber ich mag mich nicht leiden! Ich habe entsetzliche Minderwertigkeitsgefühle.«

Und die Folge?

- Weil sie sich als Frau nicht leiden mag,
- weil sie sich als Mutter so niedrig einschätzt,
- weil sie sich für wertlos hält, ist sie ihren Kindern gegenüber weich, nachgiebig und inkonsequent.

Eine Frage, die hier hilfreich sein und die Frau weiterbringen könnte, lautet: Wozu tut sie das?

Antwort:

- Um die Familie nicht zu verlieren,
- um die Kinder nicht gegen sich aufzubringen,
- aus Angst, nicht mehr geliebt zu werden.

Solche Ängste sind immer Ausdruck eines fatal geringen Selbstwertgefühls. In diesem konkreten Fall: Nachgiebigkeit verrät ein Verhaltensmuster, das starke Minderwertigkeitsgefühle widerspiegelt.

Können wir uns selbst annehmen mit all unseren Schwächen und Macken?

Ich bin nicht O.K. – du bist O.K.
Das ist eine Lebensweisheit, die ein- bis zweijährige Kinder formulieren würden, wenn sie dazu in der Lage wären. Das Lebensgefühl der Kleinen beinhaltet:

- Ich bin von lauter Riesen umgeben,
- die Großen haben und können alles,
- ich bin von diesen Starken völlig abhängig.

Das kleine Kind will eine Brücke schlagen von seiner kindlichen Unbeholfenheit, von seiner Unsicherheit und Hilflosigkeit in die Zukunft, wo Stärke, Macht, Ansehen und Anerkennung beheimatet sind.

Und wie sehen die Sehnsüchte und Zukunftsvorstellungen des kleinen Kindes aus? Alfred Adler formuliert sie so:

»Das Ziel: groß zu sein, stark zu sein, oben zu sein, wird in der Person des Vaters, der Mutter, des Lehrers, des Kutschers, des Lokomotivführers usw. symbolisiert, und das Gebaren, die Haltung, identifizierende Gesten, das Spiel der Kinder und ihre Wünsche, Tagträume und Lieblingsmärchen, Gedanken über ihre künftige Berufswahl zeigen uns an, dass die Kompensationstendenz am Werke ist und die Vorbereitungen für die zukünftige Rolle trifft.«[2]

Tausende von Ereignissen und Wahrnehmungen, die das kindliche Gemüt registriert hat, bedrückende und bedrohliche Gefühle der Unterlegenheit, beschämende Gefühle, Machtlosigkeit, trotzige

Empfindungen der Rebellion und Abhängigkeit werden im Gehirn gespeichert und bleiben das ganze Leben lang abrufbereit. Später erinnern wir uns nicht an dieses Kind von damals, sondern wir sind es. Womöglich fühlen wir uns wieder nicht o.k., und ein Leben lang hat der kleine, der heranwachsende und erwachsene Mensch damit zu tun, diese frühen Minderwertigkeitsgefühle zu überwinden.

- Er will sie *umgehen*,
- er will sie *kompensieren*,
- er will sie *widerlegen*, und
- er will sie durch positive Erfahrungen *auslöschen*.

Diese Schlussfolgerungen, die das Kind aus seinem Erleben zieht, werden für immer aufgezeichnet. Und sie haben ein großes Beharrungsvermögen. Die vermutete Wirklichkeit beruht auf falschen Annahmen, aber das Kind hält sie für die Wirklichkeit.

Wir handeln nach unseren Selbstporträts.

Jeder von uns trägt ein Selbstporträt seines Lebens im Herzen. Alle Menschen, kleine und große, Jugendliche und Alte, haben eine Vorstellung von sich selbst. Dieses Selbstporträt, das wir in unserem Innern aufbewahren, kann positiv, negativ oder schwankend ausfallen. Der eine hat ein zuversichtliches und selbstvertrauendes Bild von sich, der andere ein abwertendes und selbstkritisches. Entscheidend ist:

- Wir *handeln* nach unserem Selbstbild,
- wir *gestalten* unser Leben nach unserer Selbsteinschätzung,
- wir *leben* das, was wir von uns halten.

Unsere zwischenmenschlichen Beziehungen, unsere Arbeitsleistung und unser Engagement in Kirche und Gemeinde hängen von diesem Selbstbild ab. Der Mensch ist das, was er von sich glaubt, der

Mensch ist das, was er glaubt, das Christus von ihm hält.

Hält er sich für unbegabt, dumm und wenig anziehend, *handelt* er unbewusst dumm und wenig anziehend. Wer *glaubt*, von Gott keine Gaben bekommen zu haben, kann sie auch nicht einsetzen. Er sieht sie nicht, er spürt sie nicht, darum kann er sie nicht realisieren. Er hört auf sich und die Stimmen, die von Vater, Mutter, Geschwistern, Verwandten und Nachbarn auf ihn eingedrungen sind und die er sich *fälschlicherweise* negativ zu Eigen gemacht hat.

Alfred Adler hat gesagt: »Nicht die Tatsachen bestimmen unser Leben, sondern wie wir sie deuten.«

Darum geht es.

- Wie *deuten* Sie Ihre Kindheit?
- Wie *deuten* Sie Ihr Leben?
- Wie *deuten* Sie Ihren Glauben an Christus?

Vor 300 Jahren schrieb der französische Mathematiker und Philosoph Blaise Pascal: »So ist der

Mensch! Sagt man ihm oft, er sei ein Tor, so glaubt er es, und er braucht es sich nur selbst zu sagen, so redet er es sich ein. Denn der Mensch führt innerlich mit sich ein Gespräch, das man richtig leiten muss.«

Was heißt das?

- Wir führen einen inneren Dialog und reden uns ein, wir hätten keinen Wert;
- wir wiederholen die negativen Botschaften der Eltern und Verwandten und werten uns ab;
- wir deuten die Aussagen als Verletzung und Kränkung und handeln entsprechend.

5 Die Chancen erkennen und nutzen

MINDERWERTIGKEITSGEFÜHLE gehören zum menschlichen Leben, sie sind nicht auszumerzen. Entscheidend ist, wie wir unsere Erlebnisse und Erfahrungen deuten. Unsere *Stellungnahme* ist ausschlaggebend. Welches Vorurteil fällen wir über unseren Wert? Wie bewerten wir Misserfolge, organische Mängel, Krankheiten und Machtlosigkeit? Mit welchen Minderwertigkeiten hat der Mensch zu tun?

NICHT DIE TATSACHEN ENTSCHEIDEN UNSER LEBEN, SONDERN WIE WIR SIE DEUTEN.

Wir unterscheiden vier Gruppen:

Körperliche Minderwertigkeiten

- Probleme der Sehschärfe und des Gehörs, Störungen des Geruchssinns; Mängel der Atmung, der Verdauung, der Ausscheidung, der Drüsen, der Geschlechtsorgane, des Gehirns und des Nervensystems, der Haut;

- ungewöhnliche Körperformen: zu groß, zu klein, zu dick, zu dünn, zu hässlich, fehlende oder missgebildete Glieder.

Soziale Minderwertigkeiten

- Schwierige Eltern, kranke oder dissoziale Geschwister, kaputte Familien;
- finanzielle Probleme, die Armut, Vernachlässigung und Not beinhalten können;
- eine zu harte, zu weiche oder inkonsequente Erziehung;
- Diskriminierung, weil gegen die Familie rassische, religiöse oder parteipolitische Vorurteile bestehen.

Kosmische Minderwertigkeiten

- Das Erleben von verheerenden Stürmen, von Erdbeben, Überschwemmungen usw.;
- das Erleben von unheilbaren Krankheiten, von Epidemien;

– das Erfahren der Endgültigkeit des Lebens, der Sterblichkeit.

Eingebildete Minderwertigkeiten

– Hässlich, unattraktiv und komisch zu sein;
– unbeliebt, ungewollt und ungeliebt zu sein;
– beschränkt, dumm, konzentrationsschwach, ungebildet, verfolgt und missbraucht zu sein.

Minderwertigkeitsgefühle bearbeiten[3]

Minderwertigkeiten ergeben
Minderwertigkeitsgefühle.
Diese führen zu:
Kompensationen
Ermutigung oder Entmutigung
leiten auf die
Nützliche oder Unnütze
Seite des Lebens

Hier walten:

Freundschaft,	Komplexe Neu-
Arbeit,	rosen, Psychosen,
Elternschaft	Verbrechen,
	Süchte.

Diese beinhalten den
Lebensstil,

bestimmt vom

Persönlich-
keits-
ideal

des
Ich

Hinweise zur Grafik:

- Das Streben des Menschen geht von unten nach oben, von der Minussituation zur Plussituation, von Unsicherheit nach Sicherheit, von Unzulänglichkeit nach Überwindung und Überlegenheit.
- Der Mensch mit Minderwertigkeitsgefühlen (tatsächlichen oder eingebildeten) produziert Minderwertigkeitsgefühle bzw. Minderwertigkeitskomplexe.
- Die Überwindung des Minderwertigkeitsgefühls führt zur Kompensation bzw. zur Überkompensation (Ausgleich oder Überausgleich).

Die Folgen können sein:

- Ermutigung (der Mensch zieht positive Schlussfolgerungen), Entmutigung (der Mensch zieht negative Schlussfolgerungen).
- Ermutigung leitet ihn auf die *nützliche Seite des Lebens*. Er hat seinen Platz in der Gemeinschaft gefunden und leistet konstruktive Beiträge.
- Entmutigung leitet auf die *unnütze Seite des Lebens*. Er findet seinen Platz nicht und fühlt sich nicht zugehörig. Der Mensch lässt sich bedienen,

zieht sich völlig zurück, wird inaktiv und flieht in Krankheiten, Kriminalität und Süchte.

- Diese Lebensgrundhaltungen, Wertvorstellungen und Lebensanschauungen beinhalten seinen Lebensstil.
- Der Lebensstil bestimmt das Persönlichkeitsideal. Das Persönlichkeitsideal, ein Ausdruck des frühen Adler, meint das erstrebte Ziel eines Gefühls des Obenseins. Das Persönlichkeitsideal ist das innere Leitbild des Menschen.
- Das Persönlichkeitsideal als persönliches Leitbild kann auf der nützlichen und auf der unnützen Seite des Lebens realisiert werden.
- Der Minderwertigkeitskomplex findet sich in allen Formen psychischer Erkrankungen. Menschen mit Minderwertigkeitskomplexen erwarten von anderen alles, geben selber wenig. Sie gehen aus Angst, Unsicherheit und mangelndem Selbstvertrauen allen Leistungen aus dem Wege.

Minderwertigkeiten können einen Menschen antreiben, nicht nur mit den anderen mitzuhalten, sondern sie zu überholen. Wer jahrelang hinter den anderen hergekrochen ist, will sie nicht nur einholen, er will im Sturmschritt an ihnen vorbei. Adler hat diese Erkenntnis so formuliert: »Je größer das Minderwertigkeitsproblem, desto stärker die Überkompensation.« Der Mensch mit Organschwächen, mit starken Selbstwertstörungen oder eingeredeten Selbstwertzweifeln unternimmt oft wahnwitzige Versuche, aus dem Loch der Bedeutungslosigkeit herauszukommen.

Minderwertigkeitsgefühl und Geltungsstreben

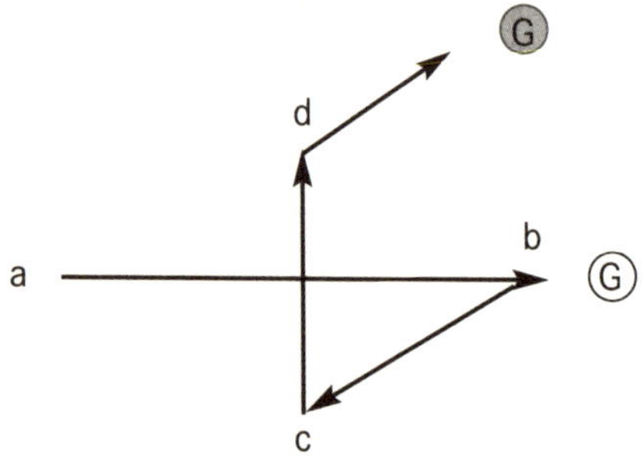

Wie verstehen wir das Diagramm?[4]

- Jeder Mensch strebt danach, in die Gemeinschaft G aufgenommen zu werden. Er bewegt sich also von a nach b oder als Gleichwertiger unter Gleichwertigen. Alle Probleme der Menschen sind Gemeinschaftsprobleme, Probleme der Zusammengehörigkeit.
- Wenn der Mensch aber an seinem Wert zweifelt, wenn Selbstwert und Selbstvertrauen schwinden, dann fühlt er sich sozial erniedrigt und den anderen unterlegen. Er bewegt sich auf der Linie b bis c. Er fühlt sich minderwertig und glaubt, dass andere ihn als minderwertig betrachten.
- Je größer die Minderwertigkeitsgefühle, desto stärker das Streben von c nach d. Aus dem Minderwertigkeitsgefühl wird Geltungsstreben, aus dem Unterlegenheitsgefühl wird ein Überlegenheitskampf, aus dem Selbstwertzweifel erwächst ein fragwürdiger Überausgleich.
- Mit Überlegenheitsstreben und Geltungsdrang wird niemals ein positives Gemeinschaftsgefühl erreicht.

Der Überausgleich, die Überkompensation ist eben nur der verfehlte Versuch, mit Riesenanstrengungen die Selbsterfüllung und das Zusammengehörigkeitsgefühl zu erlangen. Das Wort *über* macht deutlich, dass der Ausgleich *über*trieben wird.
Welches Leitmotiv führt zu Problemen?
»Nur wenn ich alle überhole, gehöre ich dazu.«
»Nur wenn ich die Beste bin, werde ich akzeptiert.«
»Nur wenn ich mich wahnsinnig anstrenge, nimmt man mich ernst.«

WER UNGEZÜGELT NACH GELTUNG STREBT, VERLIERT DIE BODENHAFTUNG.

Diese Lebenseinstellung führt zwangsläufig ins Versagen, in Depression und in die Verzweiflung. Denn niemand kann sich ständig durch Höchstleistungen seine Anerkennung erkaufen. Niemand kann sich jahrzehntelang überfordern, um in der Gemeinschaft seinen Platz zu finden.
Schauen Sie sich bitte das Diagramm »Minderwertigkeitsgefühl und Geltungsstreben« noch ein-

mal an. Wer sich auf der Achse c nach d bewegt, wer ein ungezügeltes Geltungsstreben an den Tag legt, ist nicht mehr auf dem Boden der Realität, auf der Achse a nach b, sondern er hängt in der Luft, er hat die gesunde Basis seines Selbstvertrauens verloren und hat ständig Angst, ins Nichts zu stürzen. Wir haben unseren Platz in der Familie, in der Gemeinschaft und in der Gemeinde durch unser Dasein,

- *ohne* dass wir uns diesen Platz verdienen müssen,
- *ohne* dass wir uns bewähren müssen,
- *ohne* dass wir uns durch Ehrgeiz und imponierende Leistungen den Platz erkämpfen müssen.

Wer glaubt, ständig um seinen Platz in der Gemeinschaft kämpfen zu müssen, produziert eine nie endende Angst. Er fürchtet, ausgestoßen zu werden, er erwartet Pleiten und Niederlagen, er wird von Hektik und Nervosität umgetrieben, er findet keinen Seelenfrieden und keinen Glaubensfrieden, er verbreitet Unzufriedenheit und Heillosigkeit.

6 Falsche Muster aussortieren

Es gibt einige Verhaltens- und Denkmuster, die hauptsächlich benutzt werden, um mit Minderwertigkeitsgefühlen fertig zu werden. Alle diese Muster sind keine wirklichen Hilfen. Es sind Überkompensationen und Ersatzbefriedigungen.

Muster Nr. 1: Die totale Kapitulation

- Eine der häufigsten Methoden, um mit Minderwertigkeitsgefühlen fertig zu werden. Der Mensch glaubt, ein Versager zu sein und verhält sich deshalb wie ein Versager.
- Er schützt sein Selbst vor Demütigungen, zieht sich zurück und hüllt sich in Schweigen.
- Entsprechende Verhaltensmuster bei Kindern sind gefährlicher als Aggressionen.

Muster Nr. 2: Auf in den Kampf!

- »Angriff ist die beste Verteidigung«, denken diese Menschen.

- Sie provozieren, explodieren, reagieren mit Ärger und Wut und sind mehr als unangenehm.
- Häufig erwächst die Aggression aus der Kapitulation, aus der Ohnmacht. Aus Rückzug wird Angriff.

Muster Nr. 3: Manege frei für den Clown!

- Pannen und Pleiten werden mit Scherz abgetan. Aber hinter dem Scherz verbirgt der »Clown« seinen Selbstzweifel.
- Im Fernsehen finden wir »Unterhalter«, die ihre Minderwertigkeiten (Übergewicht, Augenfehler u. ä.) mit Clownerie überspielen.

Muster Nr. 4: Probleme? Was für Probleme?

- Der Mensch verdrängt und überspielt seine Probleme. Die Wirklichkeit wird ausgeblendet.
- Das Millionenheer der Alkoholiker ist ein Beispiel für das Nichtwahrhabenwollen von Problemen. »Wer Sorgen hat, hat auch Likör«, schrieb der Humorist Wilhelm Busch.
- Auch der psychotische Mensch lässt einfach die

Rollläden herunter und verkriecht sich in seine eigene Traumwelt. Der Psychotiker überwindet seine Probleme, indem er *nicht* zu ihnen steht.

Muster Nr. 5: Bloß nicht auffallen!

- Der Kampf gegen Minderwertigkeitsgefühle beinhaltet Anpassung. Wer sich anpasst, hat Angst, selbstständig zu entscheiden, einen eigenen Standpunkt zu vertreten.
- Der Angepasste gibt seine Überzeugungen auf, um gemocht und anerkannt zu werden.
- Der »Herdentrieb« ist ein Merkmal dieser Menschen.[4]

Das Ziel eines Menschen sollte nicht sein,

- Minderwertigkeitsgefühle zu kompensieren und überzukompensieren,
- Minderwertigkeitsgefühle durch Superleistungen auszugleichen,
- Minderwertigkeitsgefühle durch Überehrgeiz auszubügeln und

- Minderwertigkeitsgefühle durch verstärkten Konkurrenzkampf wettzumachen.

Das Ziel der Gesinnungsänderung muss heißen:

- Freiwerden von Minderwertigkeitsgefühlen,
- Überwindung von Geltungsstreben und persönlicher Überlegenheit,
- Freiwerden von der neurotischen Flucht aus narzistischer Ohnmacht in die Illusion narzistischer Allmacht,
- Selbstachtung und Selbstvertrauen gewinnen,
- Ablegen von Sicherungskunstgriffen, die niemals zum Gefühl wirklicher Sicherheit führen.

Bevor Sie sich das verinnerlichen, sollten Sie den Selbsterforschungsfragebogen ausfüllen, um sich ehrlich zu prüfen, wo Ihre Stärken und Schwächen zu finden sind. Sie erleben vielleicht schwarz auf weiß, was Sie konkret ins Gebet nehmen können. Niemand muss an seinen eingeredeten Selbstwertstörungen festhalten!

Ich mag mich.

stimmt nicht ∟ stimmt etwas ∟ stimmt ganz ∟

Ich verstehe mich selber nicht.

stimmt nicht ∟ stimmt etwas ∟ stimmt ganz ∟

Ich fühle mich oft überfordert.

stimmt nicht ∟ stimmt etwas ∟ stimmt ganz ∟

Ich komme gern mit anderen Menschen zusammen.

stimmt nicht ∟ stimmt etwas ∟ stimmt ganz ∟

Ich unterschätze meine Fähigkeiten.

stimmt nicht ∟ stimmt etwas ∟ stimmt ganz ∟

Ich überschätze meine Fähigkeiten.

stimmt nicht ∟ stimmt etwas ∟ stimmt ganz ∟

Ich bin froh, eine Frau/ein Mann zu sein.

stimmt nicht ∟ stimmt etwas ∟ stimmt ganz ∟

Ich neige dazu, andere Menschen abzuwerten.

stimmt nicht ∟ stimmt etwas ∟ stimmt ganz ∟

Ich fühle mich im Leben eher unsicher als sicher.

stimmt nicht ∟ stimmt etwas ∟ stimmt ganz ∟

Ich bin im Umgang mit anderen Menschen eher schüchtern.

stimmt nicht ∟ stimmt etwas ∟ stimmt ganz ∟

Ich habe eine eher pessimistische Lebenseinstellung.

stimmt nicht ∟ stimmt etwas ∟ stimmt ganz ∟

Ich habe ein relativ geringes Selbstvertrauen.

stimmt nicht ∟ stimmt etwas ∟ stimmt ganz ∟

Ich weiß mich bedingungslos von Christus geliebt.

stimmt nicht ∟ stimmt etwas ∟ stimmt ganz ∟

Ich denke selbstständig.

stimmt nicht ∟ stimmt etwas ∟ stimmt ganz ∟

Ich habe ein gutes Selbstvertrauen.

stimmt nicht ∟ stimmt etwas ∟ stimmt ganz ∟

Ich bin unzufrieden mit mir.

stimmt nicht ∟ stimmt etwas ∟ stimmt ganz ∟

Ich mache oft etwas falsch.

stimmt nicht ∟ stimmt etwas ∟ stimmt ganz ∟

Ich kann es ertragen, wenn ich Fehler mache.

stimmt nicht ∟ stimmt etwas ∟ stimmt ganz ∟

7 Weil Gott uns liebt, können wir uns selbst annehmen

DER amerikanische Psychologe und Seelsorger Dr. Lawrence J. Crabb schreibt im Vorwort eines seiner Bücher:

»Darf ein Christ sich um ein positives Selbstbild bemühen? Oder führen uns solche Bestrebungen nur weiter hinein in den Sumpf der Selbstsucht? Bringen sie uns ab vom Weg zu Christus? Ist unsere moderne Beschäftigung mit dem Selbstbild in Wirklichkeit ein trojanisches Pferd, das weltliche Vorstellungen in die christliche Kirche hineinschmuggelt?... oder ist ein gesundes Selbstbild ein Segen, der denen geschenkt wird, die Gott kennen? Vollzieht sich nicht ganz legitim diese Heilung innerer Wunden, wenn wir allmählich verstehen, wer Christus ist und was er getan hat?«[6]

SELBSTVERTRAUEN UND SELBSTACHTUNG SIND DIE BASIS FÜR EIN ZUFRIEDENES LEBEN.

Selbstvertrauen und Selbstachtung sind die Basis für ein gutes und zufrieden stellendes Leben in der Gemeinschaft.

- Wenn Jesus einen Menschen liebt, gibt er ihm Würde,
- wenn Jesus einen Menschen liebt, gibt er ihm Selbstachtung,
- wenn Jesus einen Menschen liebt, gibt er ihm Wert,
- wenn Jesus einen Menschen liebt, gibt er ihm Bestätigung.

Der Selbstsüchtige schaut auf sich, auf die eigene Stärke, auf die eigene Kraft. In dem Sinne ist Selbstsucht Selbstherrlichkeit. Das eigene Herr-sein-Wollen steht im Mittelpunkt und nicht der Herr.

Was heißt das für Christen?

- Wir werden geliebt – um unserer selbst willen,
- wir werden geliebt – ohne dass wir es irgendwie verdient haben oder verdienen könnten,

- wir werden geliebt – ohne geistliche Schwerarbeit, ohne christliche Selbstüberforderung und Selbsterlösung.

Rein theoretisch wissen wir das alle. Dogmatisch sauber können die schlichtesten Christen das formulieren. Aber sie *leben* etwas anderes. Sie glauben der Bibel und praktizieren den Goethesatz im »Faust«: »Wer immer strebend sich bemüht, den können wir erlösen.«
Nein, dieser Satz ist eine teuflische und faust-dicke Lüge. Wer diesen Satz Goethes rechtfertigen will, stellt die Reformation Luthers in Frage. Martin Luther, der den Goethesatz nahezu in Vollkommenheit durchlitten hat, wäre um ein Haar zerbrochen.
Die Erlösung ist ein *Geschenk*.
Die Erlösung ist *Gnade*.
Wer auf *sich* schaut,

- auf seine selbstvollbrachten Taten,
- auf seine pflichttreue Nachfolge,
- auf seine konsequente Moral,

- auf seine Heiligung,
- der hängt geistlich ständig in der Luft.

Also strengt er sich wieder an, betet noch intensiver und fordert noch mehr von sich. Das Ergebnis sind ständige Versagenserlebnisse und selbstproduzierte Minderwertigkeitsgefühle.

So, wie ich bin, bin ich gut genug!

Die geistliche und therapeutische Heilung kann mit einem Satz umschrieben werden, und dieser Satz ist die Basis für unsere Identität: »So, wie ich bin, bin ich gut genug.« Nicht gut, Gott allein ist gut; aber gut genug. Warum?

- Weil Gott ja zu mir gesagt hat,
- weil Gott mich gerechtfertigt hat,
- weil Gott mich so recht sein lässt.

Das schafft eine Befreiung an Geist, Leib und Seele. Das macht gelassen, das macht beschwerdefrei. Wir sind erleichtert im besten Sinne des Wortes. Wir haben unsere Identität gefunden.

Ich bin mit mir einverstanden – wie ich bin:

- mit meinen Eigenarten,
- mit meinen Fehlern,
- mit meinen Begabungen,
- mit meinen Grenzen und Begrenzungen.

Wer das sagen kann, der hat Lebensmut. Wer das leben kann, packt zu und resigniert nicht. Wer so von sich denkt, denkt positiv von sich, von den anderen, von seinen Chancen und Möglichkeiten. Wer sich so sieht,

- dreht sich nicht um sich selbst,
- sieht den anderen,
- kümmert sich auch um ihn,
- geht zu ihm hin,
- findet den anderen – und findet damit jedes Mal auch den Sinn des Lebens.

Viele haben jahrhundertelang geglaubt, dass Selbstannahme ungeistlich und Selbstliebe gotteslästerlich sei. Wer sich annehmen kann, wie er ist, ist glücklich. Matthias Claudius hat ein kleines Gedicht verfasst, das diese glücklich machende Selbstannahme charakterisiert: »Ich danke Gott und freue mich wie's Kind zur Weihnachtsgabe, dass ich bin, bin! und dass ich dich, schön menschlich Antlitz habe.«

Das ist kindliche Freude,
das ist kindlicher Glaube,
das ist kindliche Dankbarkeit.

WER NICHT TÄGLICH
DIE SELBSTANNAHME ÜBT, VERDIRBT
ANDEREN NUR DIE STIMMUNG.

Für einen Christen eine geradezu klassische Form der Selbstannahme! Wohlweislich setzte Claudius drei Worte über das kleine Gedicht, nämlich: »Täglich zu singen«. Wer nicht täglich Selbstannahme übt und »singt«, wird anderen mit »unschönem menschlichen Antlitz« die Stimmung verderben.

Ich danke Gott, dass ich bin,
ich danke Gott, dass ich lebe,
ich danke Gott, dass ich so bin, wie ich bin.

Ich sage ja

- zu meinem Gesicht,
- zu meinem Körper,
- zu meinen Gaben,
- zu meinen Defiziten
- zu meinem Beruf,
- zu meiner Persönlichkeit mit allen Vor- und Nachteilen.

Ich sage nicht ja zur Sünde, aber ich sage ja zu mir, weil Jesus Christus mich bedingungslos angenommen hat. Nicht vom In-sich-verliebt-Sein ist die Rede oder von Selbstbespiegelung, von Eitelkeit und Hochmut. Hier geht es schlicht und einfach um Selbstannahme.

Ich bin in der Tat von Jesus angenommen, so wie ich bin – ohne Wenn und Aber. Ich sage ja zu mir, ohne übertriebene Eitelkeit, ohne Minderwertigkeitskomplexe. Ist es nicht eine Beleidigung Gottes, wenn wir uns selbst nicht annehmen können, wenn unsere Selbstanforderungen höher sind als die unseres Herrn?

»Ich gehöre dir.«

Der Maler Rembrandt hat in einem eindrucksvollen Gemälde den eingekerkerten Apostel dargestellt. Mit einem großen Schwert, überlebensgroß an der Zellenwand.
Siegesbewusst, trotz Ketten.
Stark, trotz Ausgeliefertsein.
Froh, trotz Dunkelheit des Kerkers.

Auch das andere gilt. Christen leben nicht ohne Anfechtung. Auch sie vermissen die menschliche Nähe. Sie ringen nach Lebensatem im Zellenkäfig, zittern vor Zorn und reagieren gekränkt auf tausend

Demütigungen. Über allem und in allem wird aber die Glaubensüberzeugung deutlich, das zeigt auch ein Wort von Bonhoeffer, »von guten Mächten wunderbar geborgen, erwarten wir getrost, was kommen mag. Gott ist bei uns am Abend und am Morgen und ganz gewiss an jedem neuen Tag.«

Das »Dennoch des Glaubens« ist kein menschlicher Kampf. Er ist mehr als die Trotzmacht des Geistes, die Viktor Frankl im Überlebenswillen des Menschen beschreibt. Hier spricht die Trotzmacht im Heiligen Geist, die nicht an der menschlichen Kraft anknüpft, sondern die sich auf Gott verlässt. Ich bin dein! Das ist die Antwort auf die Frage, wer ich bin. Ich gehöre dir, Gott! Das ist die Identität des Christen.

8 Überprüfen Sie Ihre Grundeinstellung

INTELLIGENZ, Schönheit, materielle Werte, Ansehen in der Gesellschaft und imponierende Leistungen sind für den Wert der Menschen *nicht* entscheidend. Wir denken und handeln vielfach so, *als ob* diese Dinge den Wert eines Menschen charakterisieren. Wir vergleichen und sind fasziniert von diesen Eigenschaften. Und je mehr wir sie erwarten und überschätzen, desto enttäuschter und resignierter sind wir, wenn sie fehlen und ausfallen.

Diese falsche Grundeinstellung produziert Unzufriedenheit und Lebensangst bei uns selbst und bei den Kindern. Der Psychiater James Dobson gibt den Erziehern einen guten Rat: »Der wertvolle Beitrag, den Vater und Mutter für die Entwicklung ihrer Kinder leisten können, besteht darin, ihnen einen echten Glauben an Gott zu vermitteln. Es gibt einfach keine größere Befriedigung für das menschliche Ego als das Wissen, dass der Schöpfer des Universums mich persönlich kennt!«

Der lebendige Glaube ist der Schlüssel dazu, ohne Kampf und Krampf frei von Minderwertigkeitsgefühlen zu werden. Der Glaube ist ein hilfreicher Weg, der den Menschen vom »tyrannischen Ich« befreien kann. Der echte Glaube an Christus, der frei ist von Frömmelei und Wortgeklingel, der sich auf ihn rückhaltlos verlässt, ist die beste Garantie gegen Minderwertigkeitsgefühle.

Gott gibt meinem Leben Wert.
Nicht *ich* habe mir den Wert eingeredet, ER hat mir den Wert in seinem Wort bescheinigt. Jede negative Selbsteinrede und jede gedachte Selbsterniedrigung sind nicht Gedanken Christi über mein Leben, sondern selbstverachtende Deutungen, die mich lähmen. Warum *glauben* viele Menschen an ihre Selbstverurteilung?

Einer der großen amerikanischen Prediger der letzten Jahrzehnte in New York war Norman Vincent Peale. Ich fand einen Aufsatz von ihm, in dem ein Punkt beschrieben ist: »Erheben Sie nie Anklage gegen sich selbst! Erst letzte Woche kam ein Mann mit der Bitte um eine Unterredung zu mir. Seine Haltung war gebeugt, seine Miene niedergeschlagen und seine Stimme mutlos. ›Ich fühle mich fast immer deprimiert und elend. Können Sie mir helfen?‹ ›Nein‹, sagte ich. ›Ich kann nicht in Ihren Kopf kriechen und den Mechanismus darin umbauen, aber vielleicht kann ich Ihnen sagen, wie Sie sich selbst helfen können … Warum betrachten Sie sich selbst aus der Perspektive eines Wurms, statt aus der Ihres Gottes? Sie sind sein Kind. Wenn Sie für ihn wichtig sind – und das sind Sie –, woher nehmen Sie das Recht, herumzulaufen und Ihre Unwichtigkeit zu beteuern?‹«

Peale hat Recht. Wer mit der Logik eines Wurms sein Leben betrachtet, kriecht seelisch auf dem Bauch durchs Leben. Wer sich als Kind Gottes sieht, weiß, dass er ein für alle Mal zur Gottesfamilie gehört. Die Wurmlogik hat noch einen Pferdefuß. Sie zweifelt unaufhörlich den Satz an, dass Christus uns zur Verherrlichung Gottes angenommen hat. Der Christ mit Wurmlogik fühlt sich nicht völlig geliebt, nicht ganz gerettet, immer wieder verworfen, übersehen von Christus, bestraft und zum chronischen Zweifeln verurteilt. Der Mensch mit Minderwertigkeitsgefühlen zweifelt Gottes Liebe zu uns an. Wer an IHN glaubt, ist Gottes Kind. Er gehört trotz aller Fehler und Schwächen zur Gottesfamilie. Frei von Minderwertigkeitsgefühlen darf er zu IHM aufschauen.

Dein bin ich!
BIN ich das wirklich, was andere von mir sagen?
Oder bin ich nur das, was ich selbst von mir
weiß?
Unruhig, sehnsüchtig, krank
wie ein Vogel im Käfig,
ringend
nach Lebensatem, als würgte mir einer die Kehle,
hungernd

nach Farben, nach Blumen, nach Vogelstimmen,
durstend
nach guten Worten, nach menschlicher Nähe,
zitternd
vor Zorn über Willkür und kleinlichste
Kränkung,
umgetrieben
vom Warten auf große Dinge,
ohnmächtig bangend
um Freunde in endloser Ferne,
müde und leer
zum Beten, zum Denken, zum Schaffen,
matt
und bereit, von allem Abschied zu nehmen?
Wer bin ich? Der oder jener?
Bin ich denn heute dieser und morgen ein ande-
rer?
Bin ich beides zugleich?
Vor Menschen ein Heuchler und vor mir selbst
ein verächtlich wehleidiger Schwächling?
Wer bin ich? Einsames Fragen treibt mit mir
Spott.

Wer ich auch bin. Du kennst mich. Dein bin ich,
o Gott!
Dietrich Bonhoeffer
im Gefängnis Berlin-Tegel 1944

Dietrich Bonhoeffer hat diese Zeilen vor seiner Exekutierung durch die Nazis geschrieben. Hier demonstriert ein Christ keine Glaubensstärke. Hier überspielt ein Christ keine menschliche Schwachheit. Im Angesicht des Todes stimmen Worte und Leben überein. In diesem ehrlichen Selbstbekenntnis wird spürbar deutlich, wie sein Glaube an den lebendigen Gott Ausstrahlung auf andere hat. Der Glaube macht gelassener, selbstbewusster, gleichgültiger und siegreicher. Trotz Gitterstäben. Er befreit, den Feinden freundlich und klar gegenüberzutreten.

Hier hat jemand seine Identität gefunden, weil er erkannt hat, worum es im Leben wirklich geht:
Nicht, wie wir uns selbst sehen,
nicht, wie andere uns sehen und was sie über uns

denken, zählt letztlich, sondern es zählt nur, wie Gott uns sieht und was er über uns denkt!

Gott liebt mich

ICH sage ja zu dieser Liebe
und bin nicht immer verzweifelt.
Ich gewinne Mut und Hoffnung.

ICH sage ja zu dieser Liebe
und brauche nicht mehr krampfhaft nach
Bestätigung und Anerkennung zu suchen.

ICH sage ja zu dieser Liebe
und habe eine Fassade nicht mehr nötig.
Ich kann mir und anderen meine Fehler eingestehen.

ICH sage ja zu dieser Liebe
und muss mich nicht mehr ständig mit anderen vergleichen.

Ich fange an, Gott zu danken, dass ich so bin,
wie ich bin.

Ich sage ja zu dieser Liebe
und höre auf, mich selbst zu bemitleiden.
Vieles traue ich mir zu.

Ich sage ja zu dieser Liebe
und muss mich nicht mehr in Frage stellen.
Ich höre auf, mich unaufhörlich selbst zu kritisieren.

Ich sage ja zu dieser Liebe
und kann bei Gott alles abladen, was mich bedrückt.
Mein Leben bekommt Gestalt. Mein Denken, Fühlen und Handeln erhält Sinn.

Literaturhinweise

1. Frederick S. Perls, Gestalt Therapy Verbatim, LaFayette, Calif.: Real People Press 1969, S. 40.
2. Heinz L. Ansbacher/Rowena R. Ansbacher, Alfred Adlers Individualpsychologie, Ernst Reinhardt Verlag, München/Basel 1972, S. 110.
3. Paul Rom, Mitmenschlichkeit lernen – aus dem eigenen Lebensstil, Internationale Taschenbücherei, S. 16.
4. Rudolf Dreikurs, Grundbegriffe der Individualpsychologie, Klett Verlag, Stuttgart 1969, S. 31.
5. Nach James Dobson, Minderwertigkeitsgefühle – eine Epidemie, Editions Trobisch, Kehl a. Rhein 1987, S. 156 ff.
6. Lawrence J. Crabb in: Josh McDowell, Werden, wie Gott mich meint, Editions Trobisch, Kehl a. Rhein 1989, S. 17.